AF389764

Hugo Preuß

Franz Lieber - Ein Bürger zweier Welten

e-artnow 2018

Franz Kugler
Friedrich der Große

Karl Bleibtreu
Bismarck (Band 1-4)

August Bebel
Aus meinem Leben: Band 1 bis 3

Glikl bas Judah Leib
Die Memoiren der Glückel von Hameln: Erste Autobiografie einer deutschen Frau

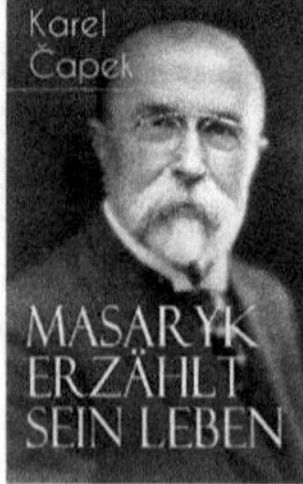

Karel Čapek
Masaryk erzählt sein Leben: Gespräche mit Karel Čapek

Joseph Roth
Journalistische Werke: Reportagen aus Wien und Berlin + Reportagen aus Frankreich + Reise in Rußland

Stendhal
Gesammelte Schriften zu Kunst, Geschichte und Literatur

Otto von Bismarck
Gedanken und Erinnerungen: Die Autobiografie von Otto von Bismarck

Gustav Scharlach
Vom jungen Bismarck - Briefwechsel Otto von Bismarcks mit Gustav Scharlach

Max Nordau
Französische Staatsmänner: Gesammelte Biografien

Hugo Preuß

Franz Lieber - Ein Bürger zweier Welten

e-artnow, 2018
Kontakt: info@e-artnow.org

ISBN 978-80-273-1877-3

„Ein Bürger zweier Welten" – mit diesem romantischen Beinamen hat man, wie bekannt, zuerst den chevaleresken Soldaten der Freiheit, den Demokraten von altem Adel, Marquis *v. Lafayette* geehrt. Seit jener Zeit, seit nunmehr einem Jahrhundert hat sich gewaltig die Zahl derjenigen vermehrt, die sich als Bürger zweier Welten bezeichnen können, die diesseits wie jenseits des Oceans Bürgerrecht gewonnen. Und besonders unser deutsches Vaterland ist reich an solchen „Bürgern zweier Welten"; in Berlin, in Dresden und Frankfurt a. M. finden wir sie in ganzen Kolonien; und diese Kolonien bilden einen nicht zu unterschätzenden Bestandtheil unseres nationalen Wohlstandes. Den jungen *Lafayette* führte einst Mars, der Kriegsgott, über den Ocean, um in dem neu entstehenden Staate die Schlachten der Freiheit mitzuschlagen; die Argonautenzüge, die seitdem, von Jahr zu Jahr anwachsend, von Europa gen Westen gehen, haben einen friedlicheren Charakter; über ihnen waltet Merkur, der Handel und Gewerbe schützt. Nicht allen diesen modernen Argonauten gelingt es, dort „drüben" das goldene Vließ des Wohlstandes oder gar Reichthums zu erbeuten, und der größte Theil derer, denen es glückt, bleibt in natürlicher Bethätigung des alten Spruches, **„ubi bene, ibi patria"**, in dem Lande ihrer Wahl zurück. Aber auch sie tragen dazu bei, die ungeheure Menge der Wechselbeziehungen noch zu vermehren, deren Fäden herüber und hinüberlaufend, ein unzerreißbares Netz, heute Europa und Amerika verbinden. Beide geben und empfangen. Nicht viele Familien wird man bei uns in Deutschland finden, von denen nicht ein näheres oder entfernteres Glied „drüben" ist oder war. Die Zahl deutscher Auswanderer nach Amerika beträgt seit 40 Jahren im Durchschnitt nahezu 100 000 jährlich und viele Millionen Dollars, von Deutschen in Amerika erworben, sind in dieser oder jener Form nach Deutschland zurückgeflossen. Den Begriff räumlicher Entfernung zwischen Europa und Amerika haben die wunderbar entwickelten Verkehrsmittel unserer Tage fast beseitigt; eine Reise nach New-York und selbst S. Francisco ist heute ein weit einfacheres Ding, als es im Anfange des Jahrhunderts eine Reise von einem Ende Deutschlands zum andern war. Der in Amerika lebende Deutsche macht während weniger Wochen statt einer Badereise einen Besuch bei seiner Familie in Deutschland, und zur Einweihung einer amerikanischen Eisenbahn, die den atlantischen mit dem stillen Ocean auf's Neue verbindet, unternehmen Koryphäen unseres politischen und litterarischen Lebens eine kleine Ferienspritztour nach dem „fernen Westen".

So lebhaft nun dieser Verkehr der Menschen herüber und hinüber, so gewaltig der Austausch materieller Güter geworden ist, – der Verkehr im *geistigen* Leben, der Austausch *ideeller* Güter hat damit nicht gleichen Schritt gehalten. Man hat, um die vollzogene Annäherung auszudrücken, gesagt, Europa und Amerika seien heut zu Tage nur durch einen Graben voll Salzwasser getrennt. Wohl, aber in mancher Hinsicht scheidet dieser Graben voll Salzwasser noch immer zwei getrennte Welten; vor Allem auf den Gebieten, wo die neue Welt ein eigenes, selbstständig entwickeltes Wesen dem des alten Europa entgegensetzen kann, auf dem Gebiete staatlichen und socialen Lebens. Die Erklärung dieses Mangels liegt nahe. Der lebendige Strom, der die alte und die neue Welt verbindet, das ist die beständig sich erneuende Auswanderung. Die große Menge der Auswanderer aber wird von materiellen Sorgen über den Ocean getrieben, sie sucht in dem neuen Lande zunächst des Lebens Nothdurft zu erwerben, und dann sich zur Wohlhabenheit durchzuringen; in allgemeinen Dingen, in Staat und Gesellschaft fügt sie sich ohne weiteres, meist willig und gern, den vorhandenen Zuständen und geht in ihnen auf. Zu Abstraktionen, zu Vergleichen der heimischen und der neuen Verhältnisse fehlt dieser Menge Zeit, Lust, geistige Fähigkeit, und vor Allem auch die nöthige Vorbildung. Zu theoretischen Beobachtern sind diese Leute nicht geschaffen, und das ist für ihre Zwecke auch ein Glück.

Freilich, trotz alledem und so wenig auch der Einzelne in dieser Hinsicht that und thun konnte, völlig konnte bei der kolossalen Massenhaftigkeit der europäischen Einwanderung die Rückwirkung europäischer Verhältnisse auch in staatlicher und socialer Beziehung auf die amerikanischen nicht ausbleiben. Ja, es hat auch nicht gänzlich, an Männern gefehlt, welche eine solche Wechselbeziehung bewußt anstrebten und hüben und drüben durch ihr Wirken herbeizuführen suchten. Und hier nimmt denn gerade das *deutsche* Element eine hervorragende Stellung ein.

Die deutsche Einwanderung nach Amerika ist *numerisch* erst im 19. Jahrhundert von großer Bedeutung geworden, und die statistischen Nachweise lassen erkennen, daß dieselbe wesentlich beeinflußt worden ist von den jeweiligen *politischen* Zuständen Deutschlands. So wanderten im Jahre 1816/17 unter der Nachwirkung der großen Kriege über 20 000 Deutsche nach Amerika aus; 1821/22 fiel die Zahl auf 148, um sich nach den revolutionären Bewegungen der 30 er Jahre, auf über 10 000 im Jahre 1832 und 23 000 im Jahre 1837 zu heben. Von ungeheurem Einflusse aber war vor allem die Bewegung des Jahres 1848. Die Zahl der deutschen Einwanderer in dem Jahrzehnt von 1845 bis 1854 beträgt 1 226 392, also im Durchschnitt über 120 000 jährlich. Die Masseneinwanderung der 48 er bildet einen wesentlichen Abschnitt in der Geschichte der deutsch-amerikanischen Emigration. Die schon früher Eingewanderten nannte man im Gegensatz zu diesen massenhaften neu angekommenen „Grünen", die „grauen Deutschen".

Jene Hunderttausende waren freilich auch nur zum kleineren Theil politische Flüchtlinge im eigentlichen Sinne, Leute höherer Bildung, welche ein entwickeltes politisches Auffassungs- und Denkvermögen mitbrachten, und deren Thätigkeit nicht lediglich im wirthschaftlichen und Erwerbsleben aufging. Männer dieser Art haben denn auch wirksam auf einen geistigen Austausch zwischen Deutschland und Amerika hingearbeitet. Theils haben sie, dauernd in Amerika seßhaft geworden, thätig in das politische Leben des großen transatlantischen Gemeinwesens eingegriffen; theils kehrten sie, nachdem sie in langjährigem Aufenthalt die dortigen Zustände gründlich kennen gelernt, bei dem großartigen Aufschwünge der deutschen Politik von 1866 und 1870 zu uns zurück, im hiesigen staatlichen und socialen Leben für ein besseres Verständniß der neuen Welt wirkend. Repräsentirt werden diese beiden Kategorien von Vermittlern deutschen und amerikanischen Geistes durch die diesseits wie jenseits des Oceans hochverehrten Namen von Karl Schurz und Friedrich Kapp.

Kein so glückliches Loos war einem Manne beschieden, der doch durch die hohe Begabung seines Geistes wie durch die reiche Erfahrung seines wechselvollen Lebens so recht zu einem geistigen Vermittler zwischen beiden Welten berufen war. Und er hat diesen Beruf auch segensreich und wirksam ausgeübt, freilich nicht im lauten Getümmel des praktischen Lebens, sondern im stillen Schaffen wissenschaftlichen Denkens. In seiner Natur war zu viel vom deutschen Gelehrten, als daß er praktisch in die nur allzu praktische amerikanische Tagespolitik hätte eingreifen können; und nach Deutschland, wo er unter den neuen Verhältnissen hätte politisch wirken können, kehrte er nicht zurück; da er zur Zeit, als der nationale Aufschwung sich vollzog, bereits ein Greis war und seit mehr als 40 Jahren in Amerika eingelebt. Denn er gehörte nicht zu der glücklicheren Generation von *Schurz* und *Kapp*; er war einer jener „grauen Deutschen."

Der Name *Franz Lieber* hat in der Litteratur der Staatswissenschaft einen guten Klang; er wird von der Wissenschaft als ein tiefer und origineller Denker über Staat und staatliches Leben geehrt. Aber über den Kreis seiner Fachgenossen hinaus ist er bei uns in Deutschland nur noch wenig gekannt, und doch verdient er, daß sein Andenken nicht nur in den Annalen der Wissenschaft, sondern im Gedächtniß seines Volkes erhalten bleibe. Nicht freiwillig hat er sein Vaterland verlassen, ihn trieb jene verblendete, engherzige Polizeipolitik, unter der Deutschland Jahrzehnte lang so schwer litt, in's Exil. Dort aber, in der neuen Welt, deren Bürger er wurde, hat er gewirkt zur hohen Ehre des deutschen Namens durch sein reines, edles Leben, wie durch die geistvolle Pflege, des wissenschaftlichen Gedankens. In Zeiten, da Deutschland noch keine Macht war unter den Nationen, da es auf den meisten Gebieten praktischer Bethätigung hinter andern Völkern zurückstand, war doch die Pflege der Wissenschaft der ureigenste Ruhm des deutschen Namens; das kostbarste Geschenk, welches Deutschland den Völkern des Erdkreises darbot. Und als ein Sendbote deutscher Wissenschaftlichkeit hat Franz *Lieber* in Amerika gewirkt, die staatlichen und socialen Zustände, die er als Bürger der neuen Welt vorfand, hat er erfaßt und durchdrungen mit jenem wissenschaftlichen und sittlichen Geiste, welchen er als Bürger der alten Welt mit über den Ocean gebracht. *Bluntschli* sagt von ihm: „Die Lebenserfahrung hatte ihn ernüchtert, aber die Liebe zu den Ideen nicht ausgelöscht. Immer hatte er die höchsten Ziele der menschlichen Bestimmung, vor Augen. Alle moralischen und geistigen Kräfte harmonisch zu entfalten – das aber ist höchste Freiheit – galt ihm als die eigentliche Aufgabe der Menschen und der Menschheit. Alle seine Schriften sind von hohen Ideen menschlicher Veredlung und freier Entwicklung beleuchtet und erwärmt… Er ist ein *Liberaler als Mensch und als Gelehrter*". – In der That, die großen liberalen Principien, die er in seinen Schriften in Beziehung auf staatliches Leben und Gedeihen durchdachte und darlegte, sie hat er auch in seinem privaten Leben hochgehalten und im Einzelnen bethätigt. Ein solcher Mann gehört nicht nur dem Volke an, unter dem er bei seinen Lebzeiten wirkte, sondern vor Allem dem Volke, welches seine schöpferischen Gedanken und das leuchtende Beispiel seines edlen Lebens in treuem Gedächtniß bewahrt, unter dem sein Geist auch nach dem Tode noch fortlebt. Zu solcher Pflege pietätvollen Gedenkens sind wir Deutsche den Manen *Lieber's* verbunden, wir, denen er nicht nur durch Geburt und Erziehung, sondern auch während seines ganzen in der Fremde verbrachten Lebens nach Natur und Art seines innersten Wesens, Denkens und Fühlens angehörte. Die Kenntniß seines Lebens und Charakters gewährt Erbauung und Freude einem Jeden, dem die große Idee des Liberalismus auch in unsern Tagen noch am Herzen liegt, und wer ihn kennen gelernt hat, wird mit freudigem Stolze empfinden: „er war unser!" Um diese Kenntniß von *Lieber's* innerem und äußerem Leben hat sich jüngst Franz *von Holtzendorff* ein höchst dankenswerthes Verdienst erworben, indem er eine Art Autobiographie *Lieber's* in deutscher Sprache herausgegeben hat. Dieselbe liefert in Form von Tagebuchauszügen und Briefen aus der ungeheuren Correspondenz, welche *Lieber* fast 50 Jahre lang mit den angesehensten und bedeutendsten Männern Europas und Amerikas führte, ein unschätzbares Material für die Beurtheilung dieses trefflichen Mannes. Welchen Eindruck aber *Holtzendorff* selbst – gewiß ein klassischer Beurtheiler – von dem Wesen Lieber's empfangen hat, das zeigen seine so überaus ehrenden Worte: „Er bezeichnet für mich einen Höhepunkt politischer Weltbildung, in welcher alle Geisteskräfte altklassischer Kultur, italienischer Kunstsinnigkeit, deutscher Wissenschaft, englischer Freiheitsliebe und nordamerikanischer Unabhängigkeit zur Einheit verschmolzen waren."

Franz Lieber ist unser Landsmann im engsten Sinne; sein viel bewegtes Leben nahm in Berlin seinen Anfang; er ist mit Spreewasser getauft. Am 18. März 1800 wurde er zu Berlin in einem alten Hause der Breiten Straße geboren. Sein Vater, ein biederer Eisenhändler, war weniger durch Geldes- als durch Kinderreichthum gesegnet. *Franz* war das zehnte von zwölf Kindern. Seine frühsten Erinnerungen knüpfen an die ereignißreichen Jahre von Preußens tiefstem Verfall und allmählicher Wiedergeburt an. In seinem elterlichen Hause herrschte ein ungemein patriotischer Geist, der sich naturgemäß auf den Knaben übertrug. Mit Inbrunst verrichtete er sein Abendgebet: „Gott wolle seiner Großmutter Husten heilen, den König segnen, und *Schill* den Sieg verleihen!" Den Krieg von 1813/14 machten zwei seiner älteren Brüder als freiwillige Jäger mit; und als 1815 eines Tages der Vater mit den Worten in's Zimmer trat: „Er ist wieder los" (nämlich Napoleon von Elba), duldete es auch den 15 jährigen Franz nicht länger auf der Schulbank. Auch er trat als freiwilliger Jäger ein, und zwar suchte er sich in jugendlichem Feuereifer ein pommersches Regiment aus, welches Aussicht hatte, am schnellsten vor den Feind zu kommen. Und in der Feuerprobe bewährte sich denn auch der knabenhafte Krieger als ein ganzer Mann und Held. Es sollte ihm nicht erspart bleiben, den Ernst des Krieges in seiner fürchterlichsten Gestalt an sich selbst zu erfahren. Am 20. Juni erhielt er in der Schlacht bei Namur einen Schuß durch den Hals, und während er halbbewußtlos am Boden lag, traf ihn noch eine zweite Kugel in die Brust. In den entsetzlich langen Stunden, die er mit offnen unverbundenen Wunden in wilden Schmerzen lag, lernte er alle grausen Schrecken des Schlachtfeldes kennen. Hier zeigte sich ihm die brutalste Entmenschlichung der Menschen, die von Habsucht und Raubgier gestachelt selbst vor den fürchterlichen Leiden der Todeswunden keine Scheu empfindet, die menschlichen Hyänen der Schlachtfelder, Marodeurs, rissen ihm roh die Kleider vom Leibe, daß seine Wunden heftiger schmerzten und von Neuem bluteten. Und dies mußte der 15jährige Knabe erleben in einem Zustande von dem er selbst berichtet: „Als ich zu mir kam, fand ich mich im Todeskampfe, die Erde durchwühlend, wie ich es in früheren Schlachten an so manchem sterbenden Manne gesehen hatte. Ich schauderte und betete noch einmal um ein baldiges Ende. Meine Situation an einem Abhänge war derartig, daß ich auf die Ebene von Namur sehen konnte, und ich war erfreut, an dem Feuern zu erkennen, daß unsere Truppen um diese Zeit den Feind hart bedrängten."

Unter dem freundlichen Beistand eines braven Westfalen ward der arme Junge endlich am späten Abend nach einer Farm geschleppt und nothdürftig verbunden. Als Verbandzeug mußte das Futter seiner Uniform dienen. Aber, damit hatten seine Leiden noch lange nicht ihr Ende erreicht. Er ward von einem der überfüllten Lazarethe zum andern geschleppt; überall fehlte es an Aerzten; seine nur mangelhaft verbundenen Wunden brachen immer von Neuem auf, und so verlebte er in Elend und Jammer, mitten unter Todten und Sterbenden, fürchterliche Tage. Endlich fand er in Lüttich durch glücklichen Zufall Obdach und Pflege. Zu derselben Zeit lag einer seiner Brüder verwundet im Lazareth zu Brüssel, ein andrer in Aachen. Es war das Schicksal der Familie – wie später, so auch schon hier – an den Leiden ihres Volkes mit eignem, blutigem Leid Theil zu nehmen.

„Obwohl ich lange Zeit", erzählt *Franz*, „unter der Pflege eines Arztes in Lüttich blieb, kehrte ich doch so bald als möglich – und zwar zu bald für meine Gesundheit – zu meiner Mutter zurück, wie unsere Soldaten ihre *Compagnie* zu nennen pflegten."

Dieser aufopfernde Muth kam dem tapferen Jüngling theuer zu stehen. Sein geschwächter Körper ertrug die neuen Strapazen nicht; ein bösartiger Typhus befiel ihn, und lange Zeit verbrachte er in elendem Zustand in den Lazarethen von Aachen und Cöln.

Endlich kam der Friede in's Land, und endlich erlangte auch der wackere Kämpfer seine Gesundheit wieder. Froh eilte er in die geliebte Heimath zurück, deren Freiheit er mit seinem Blute hatte erringen helfen. Welcher Lohn aber erwartete dort ihn und seine Leidens- und Kampfgenossen?

Es giebt wenige Epochen in der innern Geschichte der Völker, welche sich an trauriger Niedrigkeit mit den Jahrzehnten vergleichen lassen, die für den größten Theil Deutschlands auf die sogenannten Freiheitskriege folgten. Die Jämmerlichkeit dieser Zeit tritt nur um so greller hervor durch den Kontrast zu der mächtigen Erregung, welche in jenen Kriegen das Volk in seinen Tiefen aufgewühlt hatte. So lange man in den herrschenden Kreisen dieser Erregung bedurfte, um den äußeren Feind zu bekämpfen, nährte man sie klüglich; damals durfte das Volk mit hoher obrigkeitlicher Genehmigung für Deutschland und die Freiheit schwärmen. Als aber der Zweck erreicht und der größte Despot des Jahrhunderts durch die begeisterte Anstrengung der Völker zu Boden geworfen war, da hielten nunmehr die kleinen Despoten ihre Zeit für gekommen. Der Wiener Congreß bastelte statt eines Deutschland einen deutschen Bund zusammen, für den allerdings kein Mensch mehr schwärmen konnte, und es genügte, das Wort Freiheit auszusprechen, um in den dringendsten Verdacht des Hochverraths zu kommen. Damals war es, um ein neuerdings beliebt gewordenes Bild zu brauchen, der böse Loki der Reaktion, der den schönen Baldur, den Völkerfrühling, meuchlings erschlug. Der, dämische Hödur aber, das deutsche Volk, sah stumpfsinnig zu, und ballte höchstens die Faust in der Tasche. Jene Zeit der heiligen Alliance, der Karlsbader Beschlüsse, der Congresse von Troppau, Laibach und Verona, jene Zeit, da die unsinnigste Reaktion ihre wüstesten Orgien feierte, hat nur einen dauernden Erfolg hinterlassen: sie hat den Namen der Reaktion vor dem öffentlichen Gewissen so geschändet, daß seitdem die entsprechende Gesinnung sich ihres Namens schämt, und lieber unter falscher Flagge segelt.

Die Männer und Jünglinge, welche bedeckt mit ehrenvollen Narben aus dem Kampfe für Freiheit und Vaterland zurückkehrten, und sich nun in solche Zustände versetzt sahen, mußten es für eine grausame Ironie halten, daß man die Kriege, welche dieser Zeit vorausgegangen, *Freiheitskriege* nannte. Jene gehobene Stimmung, welche die Kämpfer von Leipzig und Waterloo zu ihren Thaten begeistert hatte, wollte nicht sofort auf polizeiliches Gebot verrauchen, der beschränkte Unterthanenverstand sah nicht ein, daß man sich auf Kommando begeistern und entgeistern müsse. Da man aber in der Wirklichkeit nichts die Begeisterung anregendes fand, so flüchtete man nach recht deutscher Art in das alle Zeit offene Reich der Träume. Je kläglicher das Deutschland der Gegenwart ausschaute, desto herrlicher erschien das geträumte einer romantischen Vergangenheit. Es begann die Zeit der tragikomischen Teutschheit, die sich in Sprache und Kleidung, in Turnen und Singen Luft machte. Der Häuptling dieser teutschen Jünglinge war der Turnvater *Jahn*. Wie kläglich schwach mußte sich eine Regierung fühlen, der der gute *Jahn* als ein gefährlicher Mensch erschien!

Unser *Franz Lieber*, welcher von den Schlachtfeldern Lignys und Namurs in die Schulstuben des Berliner grauen Klosters zurückgekehrt war, folgte dem Zuge der Zeit als einer der eifrigsten. Er ward der Liebling *Jahns*, sang und turnte trotz einem bei den neu belebten olympischen Spielen, deren Schauplatz unsere biedere Hasenhaide war; und ganz im Stillen träumte er vielleicht von der Wiederherstellung des Reiches Karls des Großen, wobei er dann sehr wahrscheinlich seinen lieben Turnvater auf den Stuhl des Frankenkönigs setzte. Kurz, er war ein ganzer Teutscher. Noch im späten Alter gedenkt er mit gutmüthigem Lächeln dieser holden Jugendeselei. Doch hatte dieselbe für ihn recht ernste Folgen. Damals war kein kindisches Spiel zu harmlos, um nicht als staatsgefährlich zu erscheinen. Eine fürsichtige Polizei hielt den Staat für so morsch und wurmstichig, daß er durch das Singen und Turnen der Teutomanen bis zum Einstürzen erschüttert werde. Im Jahre des Unheils 1819 wurde *Lieber* zusammen mit *Jahn* verhaftet und auf die Festung gebracht. Er war beschuldigt: „unpatriotische Gefühle zu hegen," ein Verbrechen, nachdem man in allen Strafgesetzbüchern vergebens suchen wird; ganz abgesehen davon, daß es bei *Lieber's* geistiger Richtung geradezu widersinnig war. Seine Papiere wurden beschlagnahmt, und da passirte denn der Weisheit der Polizei ein Geschichtchen, das *Gaudy* später in einem Gedicht humoristisch verwerthet hat. In Lieber's Tagebuch fand man die Notiz: „den ganzen Tag *mordfaul* gewesen." Aha, sagte die schlaue Polizei, da haben wir's; und der unglückliche Jüngling, der so unvorsichtig mit burschikosen Ausdrücken gewesen, ward scharf darüber inquirirt, warum er sich „faul im Anzetteln von Ermordungen seiner Vorgesetzten, lässig in Mordgedanken" genannt habe.

Vier Monate saß er auf der Festung, und da die Untersuchung ihm nicht die geringste Schuld nachweisen konnte, so war man gnädig, ließ ihn los und verbot ihm bloß den Besuch sämmtlicher preußischen Universitäten, nahm ihm auch jede Aussicht auf Anstellung in Preußen. Man sieht, der Charakter des Terrorismus ist stets der gleiche, ob er von wilden Sansculotten oder von der legitimen, absoluten Monarchie gehandhabt wird. Einer der französischen Schreckensmänner aus der Zeit der Septembermorde gab einst die berüchtigte Definition: „Verdächtig ist, wer in den Verdacht kommt, verdächtig zu sein." Die Königl. preußische Polizei verfuhr bei den Demagogenhetzen nach diesem bewährten Recept.

Da er so von Preußen ausgestoßen war, versuchte er, in Heidelberg, in Tübingen anzukommen; aber auch dies vereitelte die väterliche Fürsorge seiner heimischen Regierung. Nur in Jena unter dem Regiment *Karl August's*, der sich doch nicht ganz so willig zum Schergen der preußischen Polizei mißbrauchen ließ, fand er ein kurzes Asyl. Hier erwarb er auch im Jahre 1820 trotz der Schwierigkeiten, unter denen seine Studien gelitten hatten, die Doktorwürde. Aber davon konnte er nicht leben; von Hause war er ohne Mittel; jede Aussicht auf Anstellung war ihm benommen. In dieser verzweifelten Lage ward auch er von einer Bewegung ergriffen, die, damals beginnend, einige Jahre hindurch in Europa und besonders in Deutschland gleich einem ansteckenden Fieber grassirte. Die Todtenstille, in welche die Politik *Metternich's* und der heiligen Alliance Europa versenkte, ward plötzlich unterbrochen von lautem Kriegsruf aus Südosten, und dieser Kriegsruf erschallte im Namen der Freiheit. Griechenland erhob sich gegen die türkische Herrschaft. Alle Gemüther, denen die stagnirende Ruhe verhaßt war, die begeistert wurden von dem so lange nicht vernommenen Klange des süßen Wortes Freiheit, wandten sich mit fieberhaft erregtem Interesse dem beginnenden Kampfe zu. Und das Volk, das sich für die Freiheit erhob, trug ja den hochheiligen Namen der Griechen, mit dem besonders für die klassisch gebildeten Deutschen alles schöne, edle und hohe untrennbar verschwistert war: und es galt auch einer Erneuerung des alten Kampfes des Christenthums gegen den Islam; die Griechen trugen die Fahne des Kreuzes gegen den Halbmond; wie vor uralten Zeiten stand Europa wider Asien. Das Andenken der Perserkriege und der Kreuzzüge erwachte zugleich; man gedachte des *Leonidas* und *Miltiades* und der deutschen Kreuzritter *Barbarossa's*. So schauten denn die edelsten, hochgesinntesten Männer Deutschlands, Europa's gen Südosten, „das Land der Griechen mit der Seele suchend".

Die nüchterne Betrachtung der Wirklichkeit verstummte vor dieser allgemeinen Begeisterung; man sah nicht, welch' wunderliche Freiheitshelden das waren, die sich auf Hellas' klassischem Boden erhoben; man bedachte nicht, daß diese verkommenen Slaven mit den Landsleuten des *Miltiades* und *Leonidas* gar nichts als den Namen gemein hatten, und daß ihr Christenthum ebenso entartet war, wie ihre Nationalität. Auch *Lieber* schloß sich den Schaaren der Philhellenen an, die erst durch bittere Erfahrungen in dem gelobten Lande aus ihren klassischen Träumen gerissen werden konnten. Im Jahre 1821 brach er nach Griechenland auf; in seinem dürftigen Gepäck einen Stock mit sich führend, den ihm *Jahn* im Gefängniß geschnitten, mit der Inschrift: „Wandere in die Welt und werde ein Mann".

„Aber", sagt der amerikanische Biograph *Lieber's* mit berechtigtem Spott, „obgleich es zu jener Zeit nicht leicht war, in Deutschland zu leben, so war es noch schwieriger es zu verlassen". Dazu gehörte nämlich vor allem ein Paß, und damit hatte es für eine so staatsgefährliche Persönlichkeit, wie den jungen *Lieber*, seine großen Bedenken. Er bekam nur einen Paß nach Nürnberg auf 14 Tage. Nun ließ er diesen Paß auf der Tour nach Nürnberg möglichst oft, visiren, goß dann Dinte über die Stelle, welche die Beschränkung der Reisefreiheit enthielt, schob den Klecks auf die Unvorsichtigkeit eines visirenden Beamten, und schmuggelte sein gefährliches Selbst so glücklich nach München und schließlich über die Schweizer Grenze durch. Zu Fuß wanderte er dann durch die Schweiz nach Marseille, schiffte sich unter großen Mühseligkeiten ein, und gelangte endlich nach Navarin.

Aber bald erkannte er mit Schrecken, daß, für die Freiheit dieser Menschen zu kämpfen, nicht der Mühe eines Mannes Werth sei; er theilte die allgemeine Enttäuschung der Philhellenen, die *Napier* mit den Worten ausdrückt: „Alle kamen mit der Erwartung, den Peloponnes mit Plutarchs bevölkert zu sehen, und alle kehrten mit der Ueberzeugung zurück, daß die Bewohner von Newgate moralischer seien". Diese Freiheitskämpfer, die angeblichen Enkel der Helden von Thermopylae, liefen von ihren Posten, wenn es regnete, hielten gewissenhaft die 200 und etlichen Festtage des griechischen Kalenders, indem sie sich sinnlos bezechten, und zeigten eine großartige Fertigkeit, die braven Philhellenen mit List und Gewalt auszuplündern. Dazu grenzenlose Anarchie; kein Mensch wußte, wo die Regierung stecke; ein Heerführer behauptete vom andern, daß er ein schauderhafter Schurke sei, und sie hatten unzweifelhaft alle Recht.

Drei Monate irrte *Lieber* unter Strapazen und Entbehrungen aller Art in dem unseligen Lande umher, und war endlich froh, sich – wenn auch völlig ausgeplündert – nach Missolunghi durchzuschlagen, und von dort nach Ancona überzufahren. Ende März 1822 betrat er den Boden Italiens. Zu Fuß und wiederum mit Paßverlegenheiten kämpfend, pilgerte er nach Rom. Einsam, mittel- und hilfslos stand er in der ewigen Stadt; ja, um nur dort bleiben zu dürfen, brauchte er die Erlaubniß der Polizei, die ihm in seinem Zustande schwerlich ertheilt worden wäre. In dieser traurigen Lage beschloß er, sich an den preußischen Gesandten in Rom zu wenden, und ein gütiger Gott lenkte seinen Schritt. Bei einem preußischen Diplomaten gewöhnlichen Schlages hätte damals ein Mann wie *Lieber* kaum ein sehr freundliches Entgegenkommen gefunden; aber der Gesandte in Rom war kein solcher; es war der berühmte Gelehrte und treffliche Mensch *Niebuhr*. In ihm fand *Lieber*, einen gütigen Wohlthäter, einen väterlichen Freund; mit dem Augenblick, da er sein Haus betrat, hatten die Leiden des jungen Dulders für's Erste ein Ende. *Niebuhr* nahm den durch die schmerzlichen Erfahrungen der letzten Jahre schwer gedrückten Jüngling in seine Familie als Lehrer seines Sohnes *Markus* auf, und bemühte sich mit der liebevollen Sorge eines wahren Freundes die tiefe Melancholie zu verscheuchen, welche auf dem Gemüth des Mannes lastete, dessen innern Werth *Niebuhr's* klarer Blick gar bald erkannte. Ein Jahr, das schönste, sorgenloseste seines Lebens, verbrachte *Lieber* im Hause *Niebuhr's* zu Rom. Seine leidgeprüfte Seele, die so wenig den Sonnenschein des Glücks gewohnt war, öffnete sich voll und weit den herrlichen Eindrücken, die auf ihn einstürmten in Rom, in Neapel, Florenz und anderen Orten des gelobten Landes der Kunst, welche er in Begleitung *Niebuhr's* und seiner Familie besuchte. Alles was das Leben der Menschen erheitert und schmückt, bot sich ihm hier in reichster Fülle, Verkehr mit geistvollen, wahrhaft vornehmen Menschen, traute Geselligkeit, der Genuß schöner Natur und schöner Kunst. Dabei wirkte der hohe, edle Geist *Niebuhr's* anregend, belehrend und läuternd auf sein jugendliches Denken und klärte seine Anschauungen über Staat und Kunst. Auf Veranlassung *Niebuhr's* schrieb er in dieser Zeit das Tagebuch seines Aufenthalts in Griechenland und publicirte es zu Nutz und Frommen aller vom Philhellenismus Angesteckten. Es waren glückliche Tage; die Erinnerung an sie und den trefflichen Mann, dem er sie dankte, bewahrte er treu sein Leben lang. Als er 13 Jahre später in Philadelphia seine „Erinnerungen an Niebuhr" niederschrieb, ruft er aus: *„Welch' intensives Leben lebte ich in Rom!* Rom und Philadelphia! Regellosigkeit mit dem Stempel von Alterthum und historischem Werden, und moderne, geschmacklose Regelmäßigkeit".

Die schöne Zeit schwand schnell dahin. *Lieber* mußte daran denken, einen dauernden Lebensberuf zu suchen, und kehrte im Sommer 1823 nach Preußen, nach Berlin zurück. Bei einem Besuche *Friedrich Wilhelm's III.* in Rom war *Lieber* von *Niebuhr* dem Könige vorgestellt worden, und dieser hatte ihm selbst versichert, daß er unbehelligt nach Preußen kommen und sich auch um eine Anstellung bewerben dürfe. Ebenso entgegenkommend äußerte sich bei seiner Rückkehr der Polizeiminister *v. Kamptz* und er erhielt sogar – allerdings nach manchen Weiterungen – ein kleines Stipendium. Er widmete sich jetzt mathematischen Studien. Aber in jener traurigen Zeit schien die Polizei und ihre Schergen mächtiger als der Schutz eines Ministers und des Königs selbst. Derjenige, dessen Namen einmal im schwarzen Buche stand, blieb den dunklen Mächten rettungslos verfallen. Bald nach seiner Rückkehr ward *Lieber* durch allerlei Chikanen gewahr, daß die Polizei ein unvermindertes Interesse an seinem bescheidenen Selbst nehme. Er beschloß daher, seine Vaterstadt abermals zu verlassen, und erhielt endlich auch die polizeiliche Erlaubniß, seine Studien in Halle fortzusetzen. Im März 1824 siedelte er dorthin über. Aber auch hier war er nicht geborgen. Es ist der Fluch der Tyrannei, daß sie zittern muß nicht nur vor dem Haß, den sie wirklich erregt, sondern mehr noch vor eingebildeten Gefahren. So witterte in jener Zeit die Tyrannenangst der Demagogenriecher all' überall Complott und Verschwörungen. Im Sommer 1824 glaubte die preußische Polizei einer großen Verschwörung deutscher und französischer Demokraten auf der Spur zu sein, und hielt den Moment für günstig, wieder einmal eine große Staatsrettung im Geiste der Karlsbader Beschlüsse in Scene zu setzen. Dazu bedurfte sie aber vor Allem der willfährigen Zeugen, deren Aussagen die Wahngebilde der Berliner Großinquisitoren als schauderhafte Wirklichkeit bestätigen und erhärten sollten. Und zu solchem niedrig gemeinen Schergendienst hatte man unter andern auch den unglücklichen *Lieber* ausersehen. Er schien dazu nach seiner Vergangenheit und Gegenwart vorzüglich geeignet. Er war ja ein Freund Jahn's und selbst höchst anrüchig gewesen. Er mußte also in burschenschaftlichen und ähnlichen Kreisen Verbindungen haben, oder sie doch zu haben scheinen. In jüngster Zeit war er dann zu Gnaden aufgenommen worden, hatte sich des Schutzes hoher Herren, sogar des Königs selbst erfreut; dafür sollte er sich dankbar zeigen. Also, man verlangte, daß er irgend welche Aussagen über hochverrätherische Unternehmungen mache. Natürlich weigerte sich *Lieber*, eine so jämmerliche Rolle zu spielen, und mußte nun für das Verbrechen, ein Ehrenmann sein zu wollen, büßen. Am 1. September 1824 ward er abermals verhaftet und nach Köpenick in's Gefängniß gebracht. Als er sich auch dann noch weigerte, ein Schuft zu werden, eröffnete man ihm, daß er so lange im Gefängniß bleiben werde, bis er irgend etwas gestehe, und sollte er bis an's Ende seines Lebens sitzen. Wenn es wirklich ein Trost ist, Genossen im Elend zu haben, so fehlte dieser einzige, traurige Trost dem armen *Lieber* nicht. Eine große Anzahl junger Männer ward in dem grauenhaften Wirrwarr jener Tage verhaftet, und viele der hoffnungsvollsten, denen nichts als die Theilnahme an harmlosen Studentenvereinen nachgewiesen werden konnte, wurden mit wahnsinniger Grausamkeit zu Gefängnißstrafen von 6-15 Jahren verurtheilt. Die unsinnigsten Gerüchte wurden verbreitet, und von den Machthabern in ihrer Todesangst geglaubt. Der König von Württemberg sollte an der Spitze der Verschwörung stehen, Männer wie *Gneisenau, Humboldt, Savigny* daran betheiligt sein. Es war kein geringes Wagniß unter solchen Verhältnissen, daß der edle, hochherzige *Niebuhr*, welcher eben um seiner trefflichen Eigenschaften willen gleichfalls anrüchig war, sich seines armen jungen Freundes mit inniger Wärme annahm. Er setzte alle seine Verbindungen für ihn in Bewegung, richtete Gesuche für ihn an die Minister, an den König, ja er wagte das Unerhörte, ihn im Gefängniß zu besuchen. Seine Stimmung äußerte sich in einigen Bemerkungen seiner Briefe. „Diese Gewissenlosigkeit", schreibt er, „einen braven Mann in Fesseln schmachten zu lassen, empört mich, falls nicht gar Grausamkeit beabsichtigt ist... Der arme Junge ist ganz zerbrochenen Herzens." Und am 6. April 1825: „Gestern besuchte ich den armen *Lieber* in dem Gefängniß zu Köpenick. O mein Gott!"

Endlich jedoch hatten *Niebuhr's* unermüdliche Bemühungen Erfolg. Zum großen Staunen der solcher Milde nicht gewohnten Zeitgenossen ward *Lieber* Ende April 1825 nach nur 10 monatlicher Gefangenschaft entlassen. Und einige Wochen später publicirte er unter dem Pseudonym *Arnold Franz* die Frucht seiner Gefängnißarbeit: ein Büchlein enthaltend vierzehn „Wein- und Wonnelieder", in *Göthe*'schem Styl und gewidmet den Componisten *Zelter* und *C. M. v. Weber*. Im Jammer des Gefängnißlebens, bei der fürchterlichen Aussicht, vielleicht sein Lebenlang, oder doch viele Jahre in den düstern Mauern vertrauern zu müssen, war die allgemeine deutsche Jugendkrankheit, die unbezwingliche Dichtlust, bei *Lieber* zum akuten Ausbruch gekommen, und in der verzweifeltsten Situation seines Lebens, in Gefangenschaft und hoffnungsloser Noth träumte und sang er von Wein und Wonne, von Lust und Liebe. Diese durch nichts zu trübende Klarheit der Seele charakterisirt den Jüngling, und ist dem Manne treu geblieben in allen Stürmen des Lebens.

Die Geschichte dieser Leiden und Verfolgungen zeigt, daß es nicht Leichtsinn, nicht Abenteuerlust war, was schließlich *Lieber* – wie so viele seiner Leidensgenossen damals und später – in die Fremde trieb. Wie gern hätte er die Mahnung unseres nationalsten Dichters befolgt: „An's Vaterland, an's theure, schließ' dich an, das halte fest mit deinem ganzen Herzen!" Aber das Vaterland schien damals kaltherzig seine edelsten Söhne zu verleugnen, sie rücksichtslos von sich zu stoßen; die Mächte, in deren Hand das Schicksal des deutschen Vaterlandes lag, schienen nicht zu sehen, welche Wunden sie ihm schlugen, welch' edles Lebensblut diesen Wunden entströmte. Noch versuchte *Lieber*, sich im Lande zu halten, auf irgendeine Weise sich eine Existenz zu gründen. Aber mehr und mehr drängte sich ihm die Einsicht auf, daß Alles vergebens sei, daß es Männern seines Schlages unter den herrschenden Verhältnissen nicht erspart bleiben solle, das bittere Brod der Verbannung zu essen. Schon richtete er seinen Blick in die Ferne. Im Sommer 1825 hatte er eine Stellung als Hauslehrer in der Familie des Grafen *Bernsdorff* angenommen, und denselben – mit polizeilicher Erlaubniß – auf seine Güter in Mecklenburg begleitet. Eine Notiz seines Tagebuches aus dieser Zeit verräth die Gedanken, die in ihm aufzusteigen begannen. „Ich kann mir nichts Köstlicheres vorstellen", schreibt er, „als einen eigenen Landbesitz in einem freien Lande, – aber lieber ein freier Bauer, als ein Mecklenburger Edelmann. Graf *Bernsdorff* erlaubt seinen Bauern nicht, ein Stück Vieh oder ein Pferd zu verkaufen, ehe sie es nicht ihm angeboten haben." In diesen wenigen Worten scheint schon die Ahnung zu dämmern, daß sein freier Sinn ihn hinaustreibe aus der alten Welt mit ihren verrotteten, einem feudalistischen Mittelalter entstammenden Einrichtungen, ihn hinüberziehe in das jungfräuliche Land der Freiheit, über welchem ein moderner Geist, ungetrübt von jenen finstern Schatten, in heitrer Klarheit waltete. Solche Gedanken begannen festere Gestalt anzunehmen. Im folgenden Winter betrieb er in Berlin eifrig das Studium der englischen Sprache, und als sich, der freundschaftlichen Bemühungen *Niebuhr's* ungeachtet, ihm noch immer keinerlei Aussicht einer selbstständigen Existenz eröffnete, als die Köpenicker Untersuchungskommission ihm immer noch Zeichen ihres unverminderten Interesses an seiner Person gab, da entschloß er sich endlich, nach schweren inneren Kämpfen, blutenden Herzens zu dem entscheidenden Schritt. „Am 17. Mai 1826", so berichtet er selbst, „um 1/210 Uhr Abends verließ ich Berlin. Ich mußte die ganze Familie täuschen. Es war schrecklich und ich weinte bitterlich, als ich in den Wagen stieg."

Er wandte sich zunächst nach England und verlebte in London ein an Entbehrungen reiches, schweres Jahr. Mittellos in der Millionenstadt mußte er sich seinen kümmerlichen Unterhalt durch deutsche und italienische Sprachstunden erwerben. Den Gedanken, sich dauernd in England niederzulassen, gab er bald auf. Nachdem er sich einmal unter Schmerzen von der Heimath losgerissen, wollte er auch völlig heraus aus der alten Welt, „zu neuen Sphären reiner Thätigkeit". Den ersten Anhalt bot ihm eine gar bescheidene Stellung. In Boston sollte eine Schwimmschule nach dem Muster der hiesigen, vom General *v. Pfuel* gegründeten, errichtet werden. Das Amt, dieselbe einzurichten und zu leiten, wurde *Lieber* von der Stadt Boston durch Vermittelung englischer Freunde angeboten, und er acceptirte. Aber nicht als völlig freier Mann wandte er sich dem Lande der Freiheit zu; er trug das Glied einer Kette mit sich hinüber, einen Ring, freilich einen goldnen – seinen Verlobungsring. Im Augenblick seines Scheidens von der alten Welt zeigte er sich noch als echten Deutschen, that er einen Schritt, den in seiner prekären Lage kein praktischer Yankee je gethan hätte. Er hatte sich verliebt und verlobt. Er war ein Opfer seines Lehrerberufes, denn er hatte seiner künftigen Braut italienische Stunden geben, mit ihr Tasso lesen müssen. Daß seine *Mathilde* keine reiche Erbin war, braucht kaum gesagt zu werden; aber sie hatte den Muth, trotz seiner sehr fragwürdigen äußeren Lage ihr Geschick an das des geliebten Mannes zu knüpfen, und beide hatten es nie zu bereuen; sie gaben sich während eines langen Lebens das Schönste und Beste, was Menschen einander geben können, den irdischen Himmel einer glücklichen Ehe. So hatte *Lieber* einen Beweggrund mehr, sein Glück jenseits des Oceans zu versuchen; dort durfte er hoffen, in kürzerer Zeit die Mittel zur Begründung des eigenen Heerdes zu gewinnen. Ende Mai 1827 ging er in See, „zu neuen Ufern lockt ein neuer Tag."

In dem Abschiedsbrief an seine Eltern schreibt er: „Glaubt mir, ich erwarte kein Paradies, aber ich blicke begierig vorwärts nach der Aussicht auf ein geordneteres und thätigeres Leben, und auf eine ehrenvolle und nützliche Stellung in einer jungen Republik, die, so unvollkommen sie noch sein mag, doch ein Feld für die Uebung und Verwendung von Talent und Fähigkeit gewährt. Sicherlich werde ich viel von dem vermissen, woran ich in Europa gewöhnt war, besonders das geistige Leben; aber Amerika wird mir wahlverwandter sein, als Europa mit seinen abgenutzten Institutionen, denn ich werde das Gefühl haben, in einem Lande des Fortschritts zu sein, wo die Civilisation sich ihr Haus baut, während wir in Europa schwerlich sagen können, ob der Fortschritt oder Rückschritt herrsche." Diese durchaus nicht überschwängliche, aber doch vertrauensvolle und hoffnungsfreudige Stimmung konnte durch *Lieber's* erste Erfahrungen in der neuen Welt nur bekräftigt werden. Damals, vor nunmehr 60 Jahren, wälzte sich noch nicht lawinenartig die Masse der Auswandrer von Deutschland nach Amerika; ja, wir haben gesehen, daß zu Anfang der Zwanziger Jahre die Zahl der deutschen Einwanderer eine ganz außerordentlich geringe war. Das Seltene wird geschätzt, und so kann es nicht Wunder nehmen, daß Einwanderer, wie *Lieber*, der mit seiner Person ein bedeutendes Kapital deutscher, wissenschaftlicher Bildung und geistigen Vermögens über den Ocean brachte, eine sehr freundliche Aufnahme und von Seiten hervorragender und bedeutender Amerikaner bereitwillige Förderung und Unterstützung fand. Seine Stellung in Boston war selbstverständlich nur ein Nothbehelf, und er gab sie bald auf, um sich litterarischen Arbeiten zu widmen. Sein erstes derartiges Unternehmen war ein überaus glücklicher Griff. Das Brockhaus'sche Konversationslexikon hatte damals begonnen in Deutschland Verbreitung zu finden. Auf Grundlage dieses Werkes gab *Lieber*, unterstützt von Männern wie *Everett, Bancroft, Karl Jollen* und vor Allem *von Story*, einem der ersten Staatsgelehrten Amerika's, Richter am obersten Bundesgericht, seine **Encyclopaedia Amerikana**, seit 1828 heraus. Es ist dies keine bloße englische Uebersetzung, sondern eine den Bedürfnissen des amerikanischen Publikums entsprechende Umarbeitung; *Lieber* selbst schrieb zahlreiche Artikel neu, und eignete sich dabei ein wahrhaft polyhistorisches Wissen an. Dieses Werk begann seinen Namen in den Vereinigten Staaten bekannt zu machen, und gewährte ihm auch die nothdürftigen Mittel, um seinen ersten Wunsch zu erfüllen; im Jahre 1829 führte er seine Mathilde als Gattin heim. Die nächsten Jahre waren erfüllt mit Studien und Arbeiten für die Encyclopädie, sowie auch andrer Art; so entwarf er ein Statut für eine Hochschule, welche aus dem Vermächtniß eines Millionärs, Namens *Girard*, errichtet werden sollte. Dies Statut des Girard-Kollege's ist in Amerika und Europa als eine organisatorische Arbeit allerersten Ranges anerkannt. Daneben ließ seine zunehmende Kenntniß der amerikanischen Staatszustände in ihm die Pläne größerer staatswissenschaftlicher Werke entstehen, welche diese Kenntniß für die neue wie für die alte Welt litterarisch verwerthen sollten. Und wie er mehr und mehr empfand, daß auf diesem Gebiete sein eigentlicher Beruf lag, drängten jene Pläne und Gedanken zur Ausführung. Dazu aber bedurfte er vor Allem der sorgenfreien Muße einer gesicherten Lebensstellung; er konnte nicht mehr, wie er in diesen Jahren that, für das Bedürfniß des Tages arbeiten. Auch die Sorge für seine Familie, welche sich schon 1830 um ein Söhnlein vermehrte, und weiteren Zuwachs in Aussicht stellte, hieß ihn eine gesicherte Stellung erstreben. Eine Zeit lang trug er sich mit dem Gedanken, noch auf seine alten Tage **jura**, zu studiren und Anwalt zu werden; aber er empfand doch, daß er so seinen eigentlichen Beruf verfehlen würde, der nicht darin bestand, Händel über Mein und Dein auszufechten, sondern durch Denken, Lehren und litterarisches Schaffen die hohe Wissenschaft vom Staate zu bereichern und zu verbreiten. So entschloß er sich denn im Jahre 1835 eine ihm angebotene Professur für Geschichte und politische Oekonomie an der Universität von Süd-Carolina zu Columbia anzunehmen, obwohl er damit seinen litterarischen Plänen und seiner Familie ein gewaltiges, schweres Opfer brachte. Denn Süd-Carolina war zu jener Zeit ein Sklavenstaat; die Gesellschaft ward gebildet von den Sklavenbaronen, den reichen, aber für geistiges Leben wenig empfänglichen Plantagenbesitzern. In dieser ihm nach jeder Richtung hin unsympathischen socialen Atmosphäre mußte er auf jede Anregung durch freundschaftlichen Verkehr mit Gleichgesinnten verzichten. Und was hieß es für einen Mann von *Lieber's* freier Gesinnung, in einem Staate zu leben, welcher jeden Angriff auf die schmachvolle Institution der Sklaverei als todeswürdigen Hoch-Verrath betrachtete! *Lieber* litt schwer unter diesen traurigen Zuständen, in deren Mitte er genöthigt war 22 Jahre zu leben. Immer wieder klagt er in seinen Tagebüchern und Briefen über das Elend dieser Verbannung in eine „absolute Wüste", wie er es nennt, immer wieder giebt er seiner heißen Sehnsucht Ausdruck, aus diesem vermaledeiten Süden fortzukommen, und in Boston oder New York frische Lebensluft zu athmen. Aber wenn er in Unmuth die 22 Jahre, die er dort verbrachte, „ein vergeudetes Leben" nennt, so thut er sich selber Unrecht. In dieser Zeit und dieser traurigen Umgebung hat er seine Hauptwerke geschaffen, Schriften, welche die staatswissenschaftliche Litteratur der alten wie der neuen Welt bereichert haben, und für deren Eigenart gerade er durch Natur und Lebensschicksal besonders befähigt war.

Seine frühen Jugenderinnerungen reichten zurück in die Zeit, da weitblickende Staatsmänner sich bestrebten, das tief gesunkene Preußen neu zu beleben durch das einzige Mittel, welches wahrhaft Wunder wirken konnte, durch die Entfesselung aller schlummernden Kräfte des Volkes, durch die Beseitigung veralteter Schranken und Formen, dadurch, daß sie in die Adern des Staatswesens das Lebensblut modernen Geistes einführten. Und er hatte gesehen, wie diese Epoche der Wiedergeburt, die durch den Namen des Freiherrn *vom Stein* ruhmvoll bezeichnet wird, wirklich Wunder wirkte; aber schmerzvoll hatte er auch erfahren, wie diesem frischen Leben des Fortschritts gar bald die Versumpfung der Reaktion folgte, wie man grausam tödtete, was man noch eben mühevoll erweckt hatte. An den Grenzen Europa's im Südosten hatte er dann gesehen, wie ein verkommnes Volk durch einen Handstreich sich die Freiheit erringen wollte, für die es ihm doch an jeder Vorbedingung gebrach. Und nun lebte er seit Jahren in einem Lande, welches sich mit berechtigtem Stolze das Land der Freiheit nannte, wo all' die Ideen, von denen nur zu träumen im alten Europa gefährlich war, voll und kräftig in's Leben getreten waren. In diese neue Welt hatten vor 2 Jahrhunderten trotzige Puritaner die kostbare Grundlage der altenglischen Freiheit, das Selfgovernment mit Allem, was zu ihm gehörte an Institutionen sowohl wie freiem Sinn, hinübergebracht, und dies Samenkorn politischer Freiheit in den jungfräulichen Boden gesenkt. Herrlich war es in Blüthe geschossen. Hier, im Kampfe um den neuen Continent, hatte sich die Ueberlegenheit des germanischen Geistes der Selbstbestimmung über romanische Gebundenheit siegreich bewährt. Einst war der ganze gewaltige Erdtheil von Romanen beherrscht; auf dem schmalen Küstenstrich Neu-Englands gründeten Geistesbrüder *Cromwell's* ihr kleines Gemeinwesen, im Norden, Süden und Westen von Franzosen und Spaniern umringt. Aber jene waren freie Männer, gewohnt und gewillt auf eignen Füßen zu stehen; sie kannten keinen absoluten König, der sie schützte, keinen unfehlbaren

Klerus, der für sie betete; ein Jeder war sein eigner Schutzherr und sein eigner Priester. Eine kurze Spanne Zeit, und die französischen Staatenbildungen sanken dahin, zerstoben wie Spreu vor'm Winde. Die alten romanischen Niederlassungen vegetiren als armselige Staatswesen, die nicht leben, nicht sterben können; aus den kleinen Gemeinwesen Neu-England's ist eine Macht hervorgegangen, die stolz neben die ersten der Welt zu treten vermag.

Hier, unter diesem der Freiheit gewohnten, thatkräftigen Volke ward der Zug einer neuen Zeit, der mit dem letzten Viertel des vorigen Jahrhunderts sich erhob, zuerst zur That; hier folgte auf siegreichen Freiheitskampf die Anerkennung der Menschenrechte. Für das alte Europa ward Frankreich der Uebermittler dieses Geistes, die französische Revolution war der europäische Widerhall des amerikanischen Befreiungskrieges. Aber diese französische Uebersetzung taugte nicht viel, denn dem romanischen Stamm sind die Grundlagen wahrer politischer Freiheit fremd; Frankreich selbst war so wenig frei unter *Robespierre* wie unter Ludwig XIV., unter den Napoléon's so wenig wie unter der dritten Republik.

In den Vereinigten Staaten von Amerika aber hat, wie der große deutsche Staatsgelehrte, Robert v. Mohl, es ausdrückt: „Die Verbindung des englischen Rechts im Einzelnen mit der demokratischen Einrichtung des Staates eine Summe von Freiheit zu Wege gebracht, wie sie in diesem Maaße die Welt noch niemals gesehen hat." Zwei gewaltige staatliche Aufgaben, deren Lösbarkeit von ernsten Denkern der alten Welt geradezu verneint worden, hat dies jugendkräftige Volk gleichsam spielend gelöst. Indem es die neue Form der repräsentativen Demokratie schuf, bewies es die Möglichkeit der republikanischen Staatsverfassung für einen modernen Großstaat, und indem es die neue Form des Bundesstaats schuf, bewies es die Möglichkeit einer mächtigen staatlichen Einheit unter weitgehendster Berücksichtigung der partikularen Interessen, die Möglichkeit einer Verbindung kräftigster Centralisation mit freiester, bis zu staatlicher Selbstständigkeit gehender Decentralisation. Eine so schöpferische Kraft bewies das Prinzip der Ungebundenheit und Freiheit, welches hier zur Herrschaft erhoben war. Selten oder nie hat die Verfassung eines Staates die ganze Menschheit so bereichert, als jene Urkunde, die mit den stolzen Worten beginnt: „**We, the people of the United States!**"

Aber – wo viel Licht ist, da ist auch viel Schatten. Die Freiheit des Individuums, welche all' dies Herrliche geschaffen, artete gar leicht zu pflichtvergessener Selbstsucht aus, der schöpferische praktische Sinn zu ödem Banausierthum, welches keine andern Interessen als die höchst praktischen des eigenen Geldbeutels kennt.

Diese verderbliche Richtung äußerte sich im Süden der Union in der leidenschaftlichen Vertheidigung der Sklaverei, welche doch im schreienden Widerspruch zum Grundprinzip der freien Verfassung stand, im Norden durch die grenzenlose Corruption, welche das ganze politische Leben vergiftete, indem sie sich nicht scheute, ihren berüchtigten Wahlspruch: „dem Sieger gehört die Beute" schamlos zu befolgen. Dergleichen Richtungen trugen in sich einen natürlichen Gegensatz gegen jene wahre Freiheit, welche die weisen Gründer des Staates zum Fundament ihrer Schöpfung gemacht hatten, und strebten deshalb verhüllt oder offen danach, diese Freiheit durch die Tyrannei zu verdrängen, indem sie an die Stelle der repräsentativen die sogenannte reine Demokratie zu setzen suchten. Diese reine Demokratie ist aber nichts anderes, als der roheste und abscheulichste Absolutismus, die geist- und sinnlose Despotie bethörter Massen und ihrer verworfenen Treiber. Bezeichnend ist, daß in einem südlichen Sklavenstaate die wildesten demokratischen Schreier die Einführung des Paßzwanges und eines strammen Polizeiregimentes verlangten, um die Abolitionisten, die Gegner der Sklaverei, niederhalten zu können.

Lieber war zu scharfsinnig, um die Konsequenzen dieser Richtung nicht zu erkennen; zu liberal durch und durch, um sie nicht aus voller Seele zu, verabscheuen. „Je älter ich werde," schreibt er an Tocqueville, den berühmten Verfasser der **démocratie en Amérique**, „desto heißer liebe ich die Freiheit, wahre und wirkliche Freiheit, und desto mehr hasse ich den Absolutismus, sei er monarchisch oder demokratisch." Er lernte die Auswüchse der Demokratie aus nächster Nähe kennen, denn er lebte in einem Sklavenstaate und erfreute sich der persönlichen Bekanntschaft des Senators *Marcy*, des Vaters jener Losung: „Dem Sieger gehört die Beute." Und diesen verderblichen Richtungen suchte er entgegenzutreten in seinen Schriften und Lehren mit seiner

Hauptrechtsmaxime: Kein Recht ohne Pflicht, keine Pflicht ohne Recht. Dieser Satz, meint er mit Recht, sei vergessen von Despoten und Rothen; denn sie wollen nichts als Rechte, vergessen vom Sklaven, der da meint, er habe nichts als Pflichten und Lasten. „Nirgend sonst," sagt er, „ist es so wichtig, den jungen Männern einen Spiegel von der Heiligkeit und der ernsten Bedeutung politischer Pflichten und der Schuldigkeit eines Bürgers vor die Augen zu halten, als in einem Lande, in dem seine Rechte und Privilegien sonst unbeschränkt sind!"

In diesem Sinne schrieb er für die Amerikaner sein erstes Hauptwerk „*Die politische Ethik*," eine Staatssittenlehre, welche der Freiheit, deren sich die neue Welt erfreute, den sittlichen Ernst, das strenge Pflichtbewußtsein vermählen sollte, welche *Lieber* aus der alten Welt, aus seiner deutschen Heimath über den Ocean gebracht.

Auf der anderen Seite aber untersucht er mit freudigem Eifer die Grundlage jener Freiheit, welche sich in der neuen Welt zur, höchsten Blüthe entfaltet, und schreibt zur Verbreitung dieser Erkenntniß sein zweites Hauptwerk: „Von der bürgerlichen Freiheit und Selbstverwaltung". Er macht auf den Gegensatz aufmerksam zwischen jenem wesenlosen Freiheitsschemen, für dessen Götzenkultus Frankreich in Europa Propaganda gemacht, und der auf dem festen Unterbau der Selbstverwaltung organisch sich erhebenden Freiheit, deren Heimath England und Amerika ist.

Der Grundfehler des französischen Freiheitsbegriffes ist die Verwechselung von Freiheit und Gleichheit. Aber „Gleichheit an sich", sagt *Lieber*, „ohne vieles andere hat keinen inneren Zusammenhang mit Freiheit... Gleichheit ist ein wesentlicher Grundzug orientalischer Willkürherrschaft... Mannigfaltigkeit ist das Gesetz des Lebens, unbedingte Gleichheit das der Stockung und des Todes". Mit diesen letzten Worten wendet er sich auch gegen jene verkehrten Freiheitsphantastereien der Socialisten und Communisten, und stets hat er nachdrücklichst betont, daß das Freiheitsideal dieser Leute sich vom unsinnigsten Despotismus, sich von der Sklaverei nur durch den Namen unterscheidet. Sehr beherzigenswerth für die große Menge der politischen Quietisten auch in unseren Tagen sind die folgenden Worte *Lieber's*: „Es ist ein schwerer Irrthum, zu meinen, daß unbeschränkte Herrschaft eines weisen und edlen Willkürherrschers die beste Regierung sei. In ihren Folgen ist sie selbst schlimmer als unbeschränkte Herrschaft eines Wüthrichs. Dieser mag zum Nachdenken und Widerstand führen, die Weisheit und der Glanz dagegen der unbeschränkten Herrschaft eines großen Willkürherrschers blendet das Volk und macht es eines besseren bürgerlichen Zustandes unfähig... Die Zeiträume, welche auf große und glänzende unbeschränkte Herrscher folgten, waren stets unheilvoll."

Mit dieser Schrift hat *Lieber* dem Freiheitsdrange auch des deutschen Volkes ein neues Ziel gewiesen. Ein tieferes Verständniß dieses Zieles, dieser neuen Bahn freiheitlicher Entwicklung durch seine gewaltigen, grundlegenden Werke herbeigeführt, und so die Mission *Lieber's* glänzend fortgesetzt zu haben, ist das unsterbliche Verdienst *Rudolf Gneist's*.

Durch diese Schriften und sein ganzes Wirken erwarb *Lieber* seinem Namen einen guten Klang im Lande, und seiner Person viele bewundernde Freunde in beiden Welten. Aber alle Arbeit und aller Erfolg vermochte in seiner Brust nicht die Stimme der Sehnsucht zu ersticken, die ihn drängte, noch einmal Europa, die Heimath wiederzusehen. Diese Sehnsucht ward verstärkt durch die Unbehaglichkeit seines dermaligen Wohnsitzes, durch das drückende Gefühl der Einsamkeit inmitten fremder, ihn nicht verstehender Naturen. Schon im Jahre 1837 schrieb er einem Freunde, der im Begriff stand, nach Europa zu gehen: „Ihr Brief hat mich traurig gemacht. Ich kann nicht hören, daß Jemand nach Europa geht, ohne zu fühlen, wie mir das Herz bricht. Ich muß noch einmal dorthin aus mehr als tausend Gründen". Aber es dauerte lange Zeit, ehe seine pecuniären Verhältnisse ihm solchen Luxus gestatteten. Endlich im Jahre 1844 trat er die sehnlich gewünschte Reise an. Im Juni, dem Monate der großen Schlachten, besuchte er die Schlachtfelder von Waterloo, Ligny und Namur, tief bewegt von mächtigen Erinnerungen. Im Juli war er in Berlin. Bei Nacht und Nebel hatte er einst seine Vaterstadt verlassen, flüchtend vor den Vexationen der Polizei; jetzt hatte er die Genugthuung von König *Friedrich Wilhelm IV.* in Audienz empfangen zu werden, und aus seinem Munde Worte lebhaftesten Bedauerns über das ihm zugefügte, schmachvolle Unrecht zu vernehmen. Lange verweilte der König in lebhaftem Gespräche mit dem freimüthigen Manne, dessen ganzes Wesen ihn fesselte. Eine unmittelbare Folge dieser Unterredung war, daß in Preußen statt der bisherigen barbarischen Form der öffentlichen Exekutionen die Intramuranhinrichtung, für welche *Lieber* lebhaft Partei genommen, eingeführt wurde. Der König äußerte wiederholt persönlich den Wunsch, *Lieber* wieder dauernd an Preußen zu fesseln, und es wurde ihm daraufhin vom Minister eine ehrenvolle Stellung als Professor an der Berliner Universität und als Rath im Justizministerium angeboten. Aber so sehr er sich sehnte, aus seiner jetzigen Umgebung fortzukommen, er lehnte dennoch ab. Die persönliche Gunst des Königs vermehrte seine Unlust, statt, sie zu vermindern. Der wahrhaft liberale Mann spürte keine Neigung, die Rolle eines Alexander v. Humboldt am preußischen Hofe zu spielen. „Der König" schreibt er an seinen Freund *Mittermaier*, „hat eine persönliche Zuneigung für mich, ich hätte daher nicht in völliger Zurückgezogenheit in Berlin leben können…Der König besitzt keine Charakterstärke und ist unter den gegenwärtigen Umständen der ungeeignetste Monarch, der nur möglich ist…In Preußen ist kein Verlangen nach Freiheit, nach echt bürgerlichem Fortschritt oder gesunden Gesetzen, die ich aus Instinkt liebe, gleich wie der Grieche seine Freiheit liebte…Ich kann nicht gegen die Freiheit handeln, und das würde bei der Entwicklung der Dinge alsbald von mir verlangt werden, so daß ich mich verloren fühlen und den Tag verfluchen müßte, an dem ich dieses freie Land verlassen hätte". So kehrte er denn in seine columbische Verbannung zurück.

Aber nur wenige Jahre war er wieder dort, da kam wundersame Kunde über den Ocean. Es schien, als wolle die alte Welt sich verjüngen, als sei auch dort über Nacht der stolze Baum der Freiheit emporgeschossen, mit seinen,mächtigen Zweigen den alten Erdtheil überschattend. „Das Volk stand auf, der Sturm brach los," – das Jubel- und Traumjahr 1848 war gekommen, sein Frühlingsorcan brauste über Deutschland dahin. Und lenzesfroher Jubelruf brach hervor aus der Brust des wackeren Freiheitskämpfers, da er die schier märchenhafte Kunde vernahm. Am Tage, nachdem die Nachricht gekommen, wollte er seine Vorlesung halten. „Ich begann" – so erzählte er, – „aber ich konnte nicht. Ich sagte: Meine jungen Freunde, ich bin heute unbrauchbar für Sie. Es ist Nachricht gekommen, daß auch Deutschland sich erhoben hat, und mein Herz ist voll zum Ueberströmen. Ich –! Aber ich glaubte ersticken zu müssen. Die Studenten verließen den Hörsaal mit einem herzlichen Hurrah auf das alte Deutschland. Ich eilte nach Hause und fiel auf mein Bett und weinte wie ein Kind – nein, weit mehr, wie ein Mann!" Nun war für ihn kein Halten mehr in der Ferne, mit eigenen Augen mußte er sehen, ob wirklich die Blüthenträume begeisterter Jugend entzückende Wahrheit geworden. Anfang Juli 1848 war er wieder in Europa. Aber was er dort fand, war wenig erfreulich. Schon in London traf ihn die Kunde, daß die Frankfurter Nationalversammlung den Bock zum Gärtner gemacht, einen österreichischen Erzherzog zum Reichsverweser gewählt hatte. Solcher Anfang ließ seinen politischen Scharfblick das Böseste ahnen, er war tief schmerzlich enttäuscht. Diese Enttäuschung mehrte sich, als er in Frankfurt die Entwicklung der Dinge aus nächster Nähe beobachtete „Es ist ein großes Unglück", schreibt er, „daß eine überwältigende Majorität der kontinentalen Bevölkerung bei Weitem mehr auf Frankreich sieht, als auf England." So konnte ihn auch die damals besonders in Baden herrschende republikanische Strömung nicht bestechen, „denn es war immer die französische Republik", sagte er, „deren Bekanntschaft zu machen ich in der Geschichte noch nicht die Ehre gehabt habe; denn ein königloser Zustand der Dinge ist noch nicht eine Republik." Es hat damals sicher wenig Männer gegeben, die mit solchem Blicke tiefer Staatsweisheit die Entwicklung der Dinge überschauten. Er ging auch nach Berlin, und was er dort sah, stimmte ihn nicht hoffnungsvoller. Gedrückt und entmuthigt kehrte er nach Columbia zurück. Der weitere Gang der Deutschen Dinge bestätigt seine trüben Ahnungen. Ein Jubel- und Traumjahr war es gewesen, dies 1848; aber der Jubel verstummte gar bald, Deutschland erwachte aus dem süßen Traum, und das Erwachen war abscheulich. Es waren die Tage von Olmütz und des reaktivirten Bundestages.

Aber auch für *Lieber's* neues Vaterland zogen schwere Jahre herauf. Der Gegensatz zwischen Nord und Süd, zwischen freien und Sklavenstaaten, dieser Conflict, der an dem Lebensmark der Union zehrte, verschärfte sich mehr und mehr; er ward zu einer Existenzfrage für die Nation. Mit dieser Verschärfung der Gegensätze ward aber auch *Lieber's* Stellung in Süd-Carolina immer unhaltbarer. Er war ein begeisterter Anhänger der Union; dort trat das Bestreben nach Secession immer unverhüllter hervor. Seine Ansichten hatte er offen ausgesprochen in einem glänzenden Briefe an *Calhoun*, dem wissenschaftlichen Haupt der Südstaaten. Als er nun im Jahre 1856 bei der Wahl zum Präsidenten seines Colleges übergangen wurde, legte er seine Professur nieder. Aber schon 1857 erfüllte sich sein Lieblingswunsch, er ward einstimmig zum Professor der politischen Wissenschaften am Columbia-College zu New-York erwählt. So hatte er jetzt einen neuen Wirkungskreis im Norden, dem er nach seiner ganzen Gesinnung angehörte, in der größten Stadt der Vereinigten Staaten, in Mitten seiner Freunde.

Die innere Zersetzung und Scheidung der Union war bereits in der berichtigten Nebraska-Bill zum Ausdruck gekommen, die Kämpfe um die Gestaltung des Territoriums Kansas waren schon ein Vorspiel des gewaltigen Kampfes, der mit der Erwählung *Lincoln's* zum Präsidenten im Jahre 1860 anhob. Bis dahin hatte die aus den Sklavenhaltern des Südens und den korrupten Radikalen des Nordens sich zusammensetzende demokratische Partei das Heft der Bundesgewalt in Händen gehabt und schmählich genug mißbraucht; mit *Lincoln* nahmen es ihr die Republikaner aus der Hand. Als Oppositionspartei hatte die republikanische damals alle besseren Elemente, welche dem Treiben der bisherigen Machthaber feind waren, auf ihrer Seite. Das hat so lange gedauert, bis die Republikaner selbst fest im Sattel saßen, um das alte Geschäft unter neuer Firma fortzutreiben. Wieder hat sich 20 und etliche Jahre die Entrüstung angesammelt, und endlich in unseren Tagen die Republikaner aus dem weißen Hause vertrieben, die verjüngte Demokratie in der Person *Cleveland's* auf den Schild erhoben.

Lieber stimmte nicht in jeder Hinsicht überein mit dem Programm der siegreichen Republikaner. Im Gegensatz zu den Ackerbau treibenden und daher freihändlerischen Südstaaten waren die Industriestaaten des Nordens und ihre republikanischen Wortführer stramme Schutzzöllner. *Lieber* war, wie in politischer, so auch in wirthschaftlicher Hinsicht waschechter Liberaler, d. h. also Freihändler. Das ihn leitende Princip, an dem er nach jeder Richtung hin festhielt, hat er in den Worten ausgesprochen: „Unbeschränktheit der Production und des Handels ist die erste Grundlage der Freiheit". Von diesem Standpunkte aus blieb er unempfänglich für socialistische Nebeleien; wies er das Verlangen nach Organisation der Arbeit als völlig albernes Geschrei von sich. Denn diese Organisation der Arbeit sei die Zwillingsschwester der Sklaverei, – von diesem Standpunkte aus verwarf er jede Art von Protektionismus. Aber bei dem Kampfe zwischen Nord und Süd lagen die entscheidenden Gesichtspunkte an anderer Stelle; da handelt es sich um die große Menschheitsfrage, ob Sklaverei oder nicht? Da handelte es sich darum, ob die schönste Staatenschöpfung der modernen Zeit, die große und mächtige Union auf der geheiligten Grundlage der Freiheit fortbestehen solle oder nicht? Und daß in solchem Kampfe *Lieber* mit ganzem Herzen auf Seiten der Union, auf Seiten der Freiheit stand, war selbstverständlich. Doch hierbei blieb gewaltiger Schmerz ihm nicht erspart; er schien berufen, die Leiden seines Volkes durch eigenes, schwerstes Leid mitzuerdulden. Ein Bruderkrieg zerriß das Volk der vereinigten Staaten, ein Bruderkrieg war es für *Lieber's* eigene Familie. Sein ältester Sohn Oskar, der in Süd-Carolina lebte, stand auf Seiten der Südstaaten, und fiel im Kampfe gegen den Norden, dem sein Vater angehörte, gegen das Heer, in dessen Reihen seine beiden jüngeren Brüder kämpften. „Wenn Sie jemals nach Richmond kommen," schrieb der tiefgebeugte Vater einige Jahre später, „gehen Sie auf den Kirchhof, dort werden Sie meine Hoffnung ausgedrückt finden auf dem Grabsteine meines Sohnes Oskar. Er fiel auf der Seite des Südens und seine beiden Brüder gingen nach Richmond, um den Leichenstein auf sein Grab zu setzen; sie haben gefochten und geblutet auf der nationalen Seite. Sie sehen, der Bürgerkrieg hat rauh an meine Thür geklopft."

Ruhig und unbeirrt schreitet das Leben der Staaten und Völker hinweg über alles Leid und allen Jammer des Einzelnen. Aus den blutgetränkten Schlachtfeldern des großen Bruderkrieges erhob sich das frische gekräftigte Leben der neu verjüngten Union. Wie *Lieber* vorausgesagt, so geschah es. Er hatte nie die Hoffnung aufgegeben, daß dies große Staatswesen nicht in dem Sturme untergehen, nicht an den Wunden des Krieges verbluten werde. „Es wird eine Narbe zurückbleiben", sagte er, „aber gut geheilte Narben sind kein Unglück, und manchmal kleiden sie ein männliches Gesicht gut. Das Antlitz jeder Nation hat seine Narben".

Es ward ihm noch vergönnt, die Wahrheit dieses Glaubens an dem Geschick seines Deutschen Vaterlandes bestätigt zu sehen. Er erlebte, daß auch Deutschland durch einen Bruderkrieg zerrissen ward, und erlebte, daß diese Wunde prächtig heilte und ihre Narbe ein Ehrenmal im Antlitz Germanias wurde. Er hatte an seinem Theile dazu beigetragen, die Schrecken des amerikanischen Krieges zu mildern, indem er den alten Spruch, daß unter Waffenlärm die Gesetze schweigen, entkräftete. Im Auftrage *Lincoln's* verfaßte er eine Instruction für die Feldtruppen, die erste Kodifikation des modernen Kriegsvölkerrechts. Und einige Jahre, nachdem dieser Krieg beendet, ward er berufen, einen neuen Krieg zu verhindern; er ward Obmann des Schiedsgerichts, welches die Grenzstreitigkeiten zwischen der Union und Mexico beilegte.

So mit Würdigstem beschäftigt, betrat er die Schwelle des Greisenalters. Freilich, einen Lieblingswunsch sah er nicht erfüllt. Seine tiefe politische Einsicht, sein unbestechliches Urtheil, seine genaue Kenntniß der alten wie der neuen Welt befähigten ihn in außerordentlicher Weise, sein erwähltes Vaterland als Gesandter in Europa zu vertreten. Dies hatte er immer gewünscht, und hochgestellte, einsichtsvolle Freunde unterstützten diesen Wunsch, dessen Erfüllung dem Staate reichsten Nutzen bringen konnte. Aber an maßgebender Stelle konnte man nicht vergessen, daß er einst Bürger der alten Welt gewesen; auch bei den jetzt herrschenden Republikanern dominirte engherziger Nativismus. Dafür aber hatte er die Freude, sich durch das Band geistiger Gemeinschaft, anerkennender Bewunderung mit den besten Männern beider Welten verbunden zu sehen. Die Häupter der deutschen Wissenschaft vom Staate, *Bluntschli* und *Holtzendorff*, waren in den letzten Jahren seine Freunde.

Und eine andere, mächtigere Freude bereitete ein gütiges Geschick dem Greise am heitern Abend seines Lebens. Der goldene Traum seiner Jugend, dessen Verwirklichung er von dem gewaltigen Jahre 1848 vergeblich erhofft, schien endlich Wahrheit geworden. Schon seit 1866 sah er das Verhängniß reifen. Mit mächtigen Empfindungen las er, wie *Bismarck* im Parlament dieselben Ansichten unter der jubelnden Zustimmung ganz Deutschlands verfocht, um derentwillen einst *Lieber* und seine Leidensgenossen von einer verblendeten Regierung so bitter verfolgt wurden. Und nun kam das entscheidende Jahr 1870. Schon vor 30 Jahren hatte *Lieber* erklärt, daß eine Einigung Deutschlands nur durch einen Krieg mit Frankreich zu erreichen sei. Jetzt erfüllte sich sein Seherwort. Am 22. Juli, 3 Tage nach der Kriegserklärung heißt es in einem Briefe an einen amerikanischen Freund: „Ich schreibe so in den Tag hinein; denn meine ganze Seele ist erfüllt von einem Gedanken, von einer Empfindung: – Deutschland! Ich fürchte am meisten dafür, daß die französische Flotte in Hamburg oder Bremen landen könnte, während wir das Hauptheer am Rhein zu bekämpfen haben." *Wir!* In dieser großen Zeit überspringt seine Empfindung die 43 Jahre, die ihn von der Heimath trennen; er ist wieder ganz und ausschließlich Deutscher. Schon im August 1870 fordert er die Kaiserkrone für König Wilhelm, und mit begeisterter Freude begrüßt er das neue Reich. In ihm erwacht der alte Kämpfer von Ligny und Waterloo. „Ich bin kein Kind," schreibt er 1871, „aber woher kommt es, daß die Leute mich mit einmal „verehrungswürdig" nennen? Ich glaube, weil es in letzter Zeit bekannt geworden ist, daß ich ein Waterloo-Mann bin, und Waterloo bedeutet bei Euch jungen Kerlen so etwas wie Marathon oder dergl. in der Chronologie." Zur Zeit des Einzuges der Truppen in Berlin gedenkt er in einem Briefe an *Holtzendorff* daran, wie sein eigentlicher Platz an jenem Tage am Brandenburger Thore sei, unter den Veteranen von 1813, 14, 15.

Nun trieb es ihn mit mächtiger Sehnsucht, sein verjüngtes Vaterland widerzusehen, das er seit fast 25 Jahren nicht betreten. Ende September 1872 entwarf der 72jährige Mann den Plan einer „burgundischen Pilgerfahrt", wie er es nennt, die er im folgenden Jahre nach den Stätten der großen Geschehnisse und nach der alten Heimath unternehmen wollte. So jugendkräftig fühlte sich der Greis. Aber die Stunden seines Lebens waren gezählt; zehn Tage nach jenem hoffnungsfrohen Briefe war er nicht mehr. Ein schönes Leben endete ein schöner Tod. Keine Krankheit, kein Schmerz trübte die ruhige Heiterkeit seiner glücklichen Seele. Am 2. Oktober 1872 saß er an der Seite seiner geliebten Mathilde, der treuen Genossin seines reichen Lebens.

Sie las ihm vor, wie ihre Gewohnheit war. Da stieß er plötzlich einen Schrei aus und in demselben Augenblicke hörte er auf, zu sein. „Ein Kuß nimmt das letzte Leben von der Lippe, seine Fackel senkt der Genius."

„Des Menschen Leben währet 70 Jahr, und wenn es köstlich war, so ist es Mühe und Arbeit gewesen." Ja, Mühe und Arbeit erfüllten dies reiche Leben, Mühe und Arbeit, Schmerzen und Leid. Der Jüngling schon mußte an seinem eignen Schicksal erfahren, daß der Einzelne nicht gedeihen könne, wenn sein Staat krank ist. Schwere Leiden öffneten ihm den Blick für die wissenschaftliche Erkenntniß des Staates, für den hohen Beruf eines Lehrers des staatlichen Rechts. In dem Lande, welches sich freiheitlicher Zustände erfreut in realer Wirklichkeit, warnte er vor gleichgiltiger Selbstgenügsamkeit am Vorhandenen, wies er hin auf die veredelnde Kraft wissenschaftlichen Erkennens, predigte er die heilige Lehre bürgerlichen Pflichtgefühls. Und den Schlußstein seiner Thätigkeit bildete die fruchtbare Beschäftigung mit der jungen Wissenschaft, die schon manche Wohlthat den hadernden Völkern erwiesen hat, und die sicher berufen ist, dereinst in einer schöneren Zukunft unendlichen Segen über die befriedete Menschheit auszugießen, der hohen Lehre des Völkerrechts. Arbeit und Mühe war sein Leben. Das Vaterland hatte ihn ausgestoßen, und er war genöthigt, in weiter Ferne sein Heim zu gründen. Aber sein Sinn, stets den hohen Zielen staatlichen Lebens zugewendet, vergaß Haß und Groll, und bewahrte Treue und Liebe. Er ward ein wackerer Bürger des gesegneten Landes, über welchem frei das stolze Sternenbanner weht; aber er blieb in treuer Liebe dem Lande gewogen, dem er durch Geburt und Sinnesart angehörte. Er kannte nicht jenen Patriotismus, dessen Zeichen blöder Haß gegen andere Nationen ist. Er liebte von Herzen das gastliche Volk, das ihm eine Heimath und eine Existenz gewährt, das der Menschheit den erhebenden Anblick eines freien Staates geschenkt, aber unablässig wandte er den Blick auf sein deutsches Vaterland zurück; jedes Ereigniß in der politischen Entwicklung Deutschlands griff mächtig an sein Herz, sein Blut wallte beim Klange des theuren Namens. Sein heißester Wunsch war, all' das Gute und Edle zu vereinen, welches das Geschick der einen Nation gegeben, der andern versagt hatte. Als leitende Sterne aber leuchteten seinem Leben die heiligen Ideen: Freiheit und Recht. Daß Freiheit nicht Zügellosigkeit, nicht Anarchie, daß Recht kein Gegensatz ist, sondern die Ergänzung der Pflicht, das suchte er die Menschheit zu lehren.

Mühe und Arbeit war sein Leben. Die niedern Sorgen um das tägliche Brot bedrängten ihn bis in späte Jahre hinein. Wie oft haben solche Sorgen einen edlen Geist herabgezogen aus den lichten Höhen des Gedankens in die dumpfe Enge banausischen Treibens! Er aber schlug sich wacker durch, der brave Kämpfer, und – „er ist hinaufgelangt!" Keine Sorgen vermochten seinen Geist von seinem Urquell abzuziehen; dem, was er als seinen Beruf erkannt, blieb er unentwegt treu, und so gelang es ihm endlich, sich sein Haus zu gründen.

Mühe und Arbeit war sein Leben, aber köstlich war es auch. Köstlich durch das beglückende Bewußtsein, einen großen Beruf groß erfüllt zu haben, köstlich durch den Segen erfolgreicher Arbeit, den erquickenden Lohn bewundernder Anerkennung von ebenbürtigen Geistern; köstlich durch den vollen Genuß der schönsten Gaben, mit dem ein gütiges Geschick das Menschenleben zu schmücken vermag, durch Liebe und Freundschaft. Er genoß sein Leben lang seines verständnißvollen Weibes hingebende Liebe, er erfreute sich warm fühlenden Herzens der innigen Freundschaft theilnehmender Freunde. Und bei aller Gedankenarbeit seines Geistes hatte er seinem Gemüth die Empfänglichkeit bewahrt für solche Freuden. Aus dieser schönen Harmonie seiner Seele floß jene ungetrübte Heiterkeit, jene herzliche Lust an Witz und Scherz, die sein Leben bis zum letzten Athemzuge verschönte.

„Er war ein Liberaler als Mensch, wie als Gelehrter." Aus der idealen Welt des Gedankens holte er jene erhabenen Begriffe von Freiheit und Recht, von Bürgertugend und von Völkerglück. Aber er begnügte sich nicht beim Anschauen dieser Ideale; er trug sie hinaus auf den Markt, in die reale Welt des wirklichen staatlichen Lebens. Am ewigen Feuer des Ideals zündete er seine Fackel an, und wie *Prometheus* brachte er ihr Licht hinab zu den Menschen. Und was er lehrte, das bethätigte er in seinem eigenen Leben und Handeln. Ueber dem Anschauen der Ideale hatte er den Blick für die reale Wesenheit der Dinge nicht verloren, und er sah wohl, welche

Kluft beide Welten trennt. Aber dies bewog ihn nicht, in der einen aufzugehen und darüber die andere zu vergessen. Unbeirrt von Lug und Trug, von Eigennutz und Furcht kämpfte er im Leben für das, was er in der Idee als gut und recht erkannt.

Das ist die Aufgabe, welche ein politisches Zeitalter jedem Manne stellt. In jener idealen Welt, die von des Tages Kampf und Lärm nicht berührt wird, erfülle er sich Herz und Sinn mit den Gedanken, welche alles moderne Staatsleben beherrschen müssen, Freiheit und Recht. Aber was er hier gewonnen, das mannhaft zu verwerthen in jener kampfdurchtobten Welt des wirklichen, öffentlichen Lebens, unbeirrt von rechts und links, vom Erfolg nicht geblendet, von der Furcht nicht geschreckt, dem auch im Leben die Ehre zu geben, was er im Denken als recht erkannt, – das ist Bürgerpflicht.

Und auch in diesem Sinne steht vor uns das Lebensbild *Franz Lieber's* als das glänzende Vorbild eines vollendeten Bürgers zweier Welten!